EXPLORANDO O CONCEITO DE DESEJO DE VIAJAR

EXPLORANDO O CONCEITO DE DESEJO DE VIAJAR

HARPER NORTHWOOD

CONTENTS

	Introdução ao Wanderlust	1
1	A psicologia da sede de viajar	5
2	Planejamento de viagens inteligente	9
3	Imersão Cultural e Conexões Profundas	12
4	Aventura e vida ousada	15
5	Práticas de viagens sustentáveis	19
6	Nomadismo Digital e Trabalho Remoto	22
7	Viagem Solo e Dinâmica de Grupo	27
8	Viajando com Propósito	31
9	Saúde e bem-estar na estrada	35
10	Capturando memórias e contando histórias	39
	Reflexões sobre a sede de viajar e o crescimento p	43

Copyright © 2025 by Harper Northwood
All rights reserved. No part of this book may be reproduced in any manner whatsoever without written permission except in the case of brief quotations embodied in critical articles and reviews.
First Printing, 2025

Introdução ao Wanderlust

A palavra *wanderlust*, com suas raízes pedestres no alemão, recentemente se infiltrou na língua inglesa para se tornar uma metáfora cativante usada para expressar um anseio por lugares distantes, uma ânsia por perambulação e aventura, e uma afeição pronunciada pela exploração irrestrita do mundo. Pela primeira vez na história da humanidade, pessoas em todo o mundo compartilham esse desejo intenso de ver e conhecer o mundo, frequentemente e em grande parte inabalável. Antigos exploradores e homens da fronteira enfrentaram os perigos do mundo da superfície para garantir um amanhã melhor, movidos por um desejo de alcançar os confins do globo. Em vez de buscar mera sobrevivência, eles buscaram inspiração, apreciando a jornada tanto quanto o destino desejado.

Esse anseio pode ser derivado de lembranças específicas de férias que nos encheram de excitação em vez de fuga. Alternativamente, pode ser uma representação visual de uma busca para conquistar uma longa jornada, ver tudo em sua lista de imperdíveis e celebrar cada aspecto dela. Nos tempos modernos, "viajar" significa embarcar em uma nova aventura. Tornou-se um aspecto significativo da economia psicológica, com muitos viajando para realizar sonhos que espreitam logo abaixo do verniz de suas vidas diárias restritivas. A jornada em si se torna tão significativa quanto o objetivo. Para satisfazer seus desejos de viajar, você não precisa necessariamente fazer nenhuma viagem ou ver pontos de interesse típicos. Este livro diz respeito a viagens regulares e de lazer, fornecendo insights sobre como a viagem oferece uma nova narrativa para nossas vidas.

A ironia da vida é paradoxalmente reconfortante e refrescante quando você se encontra em ambientes estranhos. Ao viajar, você pode passar por uma crise existencial significativa de meia-idade, percebendo que a sede de viajar não é apenas sobre férias. É sobre aprofundar o relacionamento dentro de si mesmo e viver profunda e corajosamente.

Definindo o desejo de viajar

O desejo de viajar se manifesta como um desejo intenso de explorar o mundo. Para alguns, parece um sonho de pular amarelinha pelo mundo; para outros, é uma dor maçante por aventura. Esse desejo de ver novas formações de água, horizontes frescos, sabores exóticos e rostos únicos vem com um profundo sopro de romance. O desejo de viajar oferece não apenas emoções, mas felicidade, não apenas conexão com costumes, mas também consigo mesmo. Ele tem um nome, esse sentimento complexo de desejo e ansiedade, essa mistura de desejo e experiência: desejo de viajar.

Essa dupla compreensão da sede de viajar – como uma busca pelo que não temos em casa e como a busca de uma ausência sentida – incorpora o emaranhamento emocional com o conceito. A sede de viajar sugere que ela pode implicar mundos alternativos e uma sensação de que o anseio é satisfeito em outro lugar. O significado de lugares, paisagens e culturas vivenciados na estrada é sentido novamente ao retornar para casa. Assim, enquanto a sede de viajar se alimenta de sonhos de consumo e desejo, a viagem se torna muito mais do que um estágio para a conclusão da fantasia ou a realização de sonhos.

Historicamente, o desejo por viagens e pelo exótico esteve ausente durante a maior parte da história humana. Embora algumas pessoas viajassem para o comércio, outras migrassem e outras ainda deixassem suas casas como refugiados, viajantes e migrantes eram tipicamente menosprezados em sociedades agrárias tradicionais, onde as pessoas tendiam a ficar perto de casa. Enquanto as viagens eram menosprezadas, o desejo de vagar permanecia o desejo de forasteiros culturais que se destacavam devido ao seu desdém pelas convenções e pressões sociais. À medida que a classe média urbana crescia e se modernizava, as viagens por prazer se tornaram mais aceitáveis, mas o desejo de viajar continuou a contrastar com o lar. Hoje, a sede de viajar representa escolha em vez de necessidade, designando uma certa atitude privilegiada, estilo de vida e fantasia sobre o eu individual e social.

Perspectivas Históricas e Culturais

Em *Wandering: A Cultural History of Walking* , Solnit traça a mudança na opinião pública em relação aos viajantes: "O deslocamento, da terra e seus rituais e os muitos tipos de conhecidos vinculados que isso traz, passa a conotar uma destruição, um roubo. Esses meninos e meninas sem raízes assombram a vizinhança com sua amoralidade de vagabundo. Eles se tornaram – estereotipicamente – desmoralizados." A peripécia sagrada foi descartada como parte da humanidade, e a sede de viajar começou a ser separada entre a mera compulsão de vagar e uma fuga de poltrona gerando desvio da sociedade.

Historicamente, os sintomas da sede de viajar eram considerados patológicos, decorrentes de uma loucura profunda e solitária. As origens dessa compreensão inicial da sede de viajar parecem ter sido incorporadas nas respostas emocionais básicas desencadeadas pela viagem. Samuel Johnson falou da viagem como uma emoção pessoal de "Keh-keh-keh!" e Brissot de Warville alertou os franceses, "Gare au voyage: C'est dans le bonheur du voyageur que se tient le malheur du paysan [Cuidado com os viajantes, pois a felicidade do viajante causa a miséria do camponês]."

Ver a sede de viajar de uma perspectiva histórica e cultural também ajuda a explicar muitas das abordagens psicológicas e sociológicas à sede de viajar, pelo menos nas culturas nacionais ocidentais. A palavra "sede de viajar" não fez o mesmo em outras línguas, permanecendo neste gueto conceitual, carregando conotações de anseio e patologia.

O contexto social forneceu fundamentos para a noção de sede de viajar. De uma visão social mais ampla, pode-se argumentar que o relato de Gênesis sobre a expulsão de Adão e Eva do Jardim marcou uma mudança de animais vagando na natureza para humanos com propósito substancial.

CHAPTER 1

A psicologia da sede de viajar

Os psicólogos definem *o desejo de viajar*, ou o desejo intenso de viajar, como uma tentativa de autoexploração e uma sensação de liberdade, em vez de uma forma de escapismo. Enquanto muitos se sentem atraídos a explorar novos destinos e culturas, psicólogos e pesquisadores têm buscado entender as motivações e os motores subjacentes de nossos desejos de viajar. A professora Ruth Ann Atchley da Universidade do Kansas cunhou o termo "andarilhos enferrujados" para descrever pessoas que passam anos no mesmo ambiente e ainda sentem desejo de viajar. Nossa motivação consistente para explorar e viajar é amplamente alimentada pela gama de novas experiências que buscamos. À medida que nos familiarizamos com nossos arredores geralmente homogêneos, nossos cérebros estagnam e nossos níveis de estimulação e engajamento consequentemente diminuem. Ao mudar nosso ambiente e explorar novas culturas, nos reengajamos com o mundo ao nosso redor, tornando a viagem um mecanismo essencial para permanecermos atentos e curiosos.

Essa compreensão mais profunda da sede de viajar também nos permite compreender suas emoções relacionadas. Como humanos, nossa tendência natural é nos adaptar a novas experiências. Esse processo, conhecido como "adaptação hedônica", é a maneira do corpo regular os efeitos de emoções positivas e negativas, filtrando experiências em nossos fundos à medida que nos acostumamos a elas, semelhante a um artista sombreando assuntos para "desaparecer" no fundo ao redor. Embora essa ferramenta psicológica possa criar felicidade e otimização, ela também nos dessensibiliza a estímulos ao longo do tempo. No contexto da sede de viajar, passamos a esperar muitas dessas novas experiências como uma parte natural de nossas vidas, e é por isso que às vezes é vista como uma forma de escapismo. Somente mudando nossa mentalidade para longe dessa orientação escapista podemos desbloquear uma sensação de exploração ativa e realização ao partir em uma jornada.

Motivações e Drivers

O estilo de vida wanderlust é motivado por uma combinação de desejos de ver novas paisagens, conhecer novas pessoas e aprender sobre diferentes maneiras de ser. Os benefícios da viagem são bem documentados, então não precisamos nos aprofundar no porquê as pessoas desejam ver novos lugares — em vez disso, nossa preocupação é com os desejos sociais e emocionais que impulsionam esse desejo. As pessoas decidem que querem viajar por vários motivos. Em muitos casos, os jovens são impelidos pelo mundo, para longe da familiaridade do lar, porque suas vidas são cheias de incertezas. Esses anos da adolescência e pós-adolescência são quando estamos mais preocupados em fazer escolhas pessoais. Em resposta a essa incerteza, uma dialética dualística é buscada.

Uma projeção em nossa tentativa de dar sentido à armadilha enfrentada pelos humanos contemporâneos nos pinta como viajantes sem raízes e sem direção, movidos por moldadores culturais familiares — capitalismo, consumismo, tecnologia, Thomas Cook, Lonely Planet. Essas forças externas estão profundamente arraigadas na sociedade e moldaram valores, objetivos e motivações de maneiras tais que os viajantes não pensam mais por si mesmos e temem a liberdade individual e a autorresponsabilidade que surgiriam se ousassem pensar separados da multidão. Essa ironia incessante da incerteza é o paradoxo central que sustenta este capítulo: os humanos odeiam o conceito de se sentirem incertos, mas o abraçam como uma desculpa para definir seu próprio ser. Na sociedade ocidental moderna, essa incerteza impulsiona os jovens pelo mundo em busca de "inesquecibilidade" pessoal, individualidade e experiência não adulterada. Esses esforços levam à descoberta de si mesmo e fornecem um senso de direção e propósito na vida.

Benefícios e desvantagens

O desejo de viajar permite que as pessoas vejam mais em um dia do que muitas veem em um ano. Como o desejo incurável de viajar e ver o mundo, o desejo de viajar tem seus benefícios. Os viajantes não são apenas turistas; eles experimentam e entram nos mundos pelos quais passam de maneiras que enriquecem sua perspectiva e visão de mundo. Ao mesmo tempo, o desejo de viajar tem desvantagens, pois o desejo intenso de continuar se movendo e explorando pode dificultar a permanência em um lugar e criar raízes. Seja um desafio crônico para alguns ou um breve desejo emocional e mental, o desejo de viajar tem seus benefícios e desvantagens.

Benefícios:

- **Experimentando a vida:** Embora a sede por viagens seja frequentemente associada ao amor por viagens e exploração, um aspecto definidor é o desejo e a ambição de experimentar coisas novas, abraçar oportunidades, aceitar o desconhecido e desafiar a si mesmo. Aqueles que abraçam a sede por viagens querem aproveitar ao máximo cada momento.
- **Ampliando Perspectivas:** O desejo de viajar enriquece a perspectiva de alguém ao expor indivíduos a diferentes culturas,

estilos de vida e visões de mundo, promovendo assim uma compreensão mais ampla da humanidade.

Desvantagens:

- **Desafios para se estabelecer:** A necessidade de continuar se movendo e explorando pode apresentar desafios nos relacionamentos e na vida profissional, exigindo segurança e comprometimento com uma organização ou instituição.
- **Medo de ficar de fora:** o desejo irresistível de se mudar e experimentar pode levar ao medo de ficar de fora e ao arrependimento, principalmente em tenra idade.

Ao reconhecer as vantagens e desvantagens da vontade de viajar, os indivíduos podem navegar em seus desejos de explorar com uma abordagem equilibrada, garantindo que sua jornada pela vida seja a mais gratificante possível.

CHAPTER 2

Planejamento de viagens inteligente

Um dos sinais de trânsito mais importantes para viver uma vida ousada é o conceito de viagem inteligente. Viver uma vida ousada geralmente envolve viver uma vida na estrada, abraçar aventuras não convencionais, preparação cuidadosa e fazer escolhas que apoiem seus objetivos de viagem. Viagem inteligente não significa uma escapada rápida de fim de semana, duas semanas em um local ensolarado ou percorrer os dez principais destinos em seu guia de viagem. Em vez disso, viagem inteligente significa embarcar em jornadas bem planejadas e bem pensadas que enriquecem suas experiências e expandem seus horizontes.

Estratégias para viagens inteligentes

Para muitos, viajar é um sonho reservado aos ricos, aposentados ou aqueles que buscam escapar da rotina diária. Mas aqui está a verdade: viajar pelo mundo é possível para qualquer um. A sede de viajar não é só para os ricos ou os bonitos. Claro, dinheiro ajuda, e empregos que levam você a lugares como Vietnã ou Suécia têm seus benefícios. No entanto, a essência do planejamento de viagens DIY (Faça Você Mesmo) está em entender que viagens inteligentes são o resultado de um bom planejamento de viagens. Antes de ir a qualquer lugar, você deve tomar decisões sobre como viajará, com quem viajará e o que fará quando chegar lá.

Pesquisa e Preparação: A decisão de viajar, para onde ir e o que fazer são momentos críticos antes de qualquer jornada. Pesquisa e planejamento são componentes-chave nesta fase inicial. A direção que uma pessoa seleciona pode dizer muito sobre quem ela é e como ela vê o mundo. O filósofo Alain de Botton em "Uma Semana no Aeroporto" observa: "Se passássemos alguns dias nos conscientizando das sociedades, do mercado e de nós mesmos, pensaríamos com mais astúcia, seríamos confiantes em nossas escolhas e muito mais livres em nossas atividades."

Viajar não requer estadias longas em solo estrangeiro. Pode ser uma busca kitsch em uma cidade próxima ou uma aventura de fim de semana. Férias são possíveis até mesmo em sua própria região central com uma mesada limitada e pouco tempo para sair de casa. Com a abundância de escolhas, objetivos, ajudas e logística, os estágios de planejamento e preparação da viagem podem ser muito divertidos. Onde você começa a jornada, como você começa a jornada e para onde você deseja ir?

Orçamento e finanças: Administrar as finanças é uma grande preocupação para qualquer estilo de vida, especialmente quando se viaja. Para aqueles que vivem no exterior por períodos prolongados, como seis meses no México, há um compromisso econômico substancial e muitas vezes inesperado. O orçamento e a preparação financeira dependerão do estilo de vida e de quaisquer responsabilidades pendentes em um país estrangeiro. Férias de curta duração exigem significativamente menos compromisso financeiro do que viver em outro país. Um compromisso de seis meses no exterior exige um planejamento financeiro cuidadoso. Cada pessoa deve considerar sua própria situação econômica e financeira antes de se mudar para o exterior.

Formas de administrar as finanças enquanto vive no exterior: consultar um planejador financeiro, contador ou advogado para ajudar a administrar seus ativos legalmente e criteriosamente enquanto vive no exterior é uma boa estratégia financeira. A gestão financeira responsável inclui pagar impostos, fazer investimentos e contribuir regularmente para uma conta de aposentadoria. Também é aconselhável levar algum dinheiro e crédito para ajudá-lo durante qualquer período de transição financeira. A maioria dos profissionais trabalhará com você por e-mail ou telefone, especialmente se você já for um cliente. Você também pode considerar usar um profissional de uma cidade grande como Los Angeles que atenda sua localização.

Viajar Ex Tempore: Existem dois custos principais associados a férias: viagem e acomodações. Para aqueles que podem experimentar viagens econômicas sem recorrer às economias para a aposentadoria, as passagens geralmente são o maior custo. Procure voos fora de temporada. No inverno, vá para uma praia do sul; no verão, fuja para o norte. As estações intermediárias são ideais, pois seu destino de férias ainda estará quente, mas você não terá que pagar preços de pico. Aproveite as acomodações de baixo custo e seja flexível em termos de localização e moradia. As maiores economias geralmente vêm de estar aberto a novas ideias. Defina um orçamento de viagem e considere grandes custos fixos, como aluguel, ao mesmo tempo em que exerce práticas inteligentes de gestão econômica ao orçar sua renda e despesas.

CHAPTER 3

Imersão Cultural e Conexões Profundas

Como membro da espécie humana, seus sentidos são suas principais ferramentas para navegar pelo mundo. A visão, sendo a mais proeminente, permite que você avalie riscos rapidamente, identifique recursos para comida, abrigo e calor, e avalie seu ambiente. O tato ajuda você a criar e manipular seus arredores, enquanto a audição permite que você discerna a proximidade e as intenções dos outros. Esses sentidos são cruciais para a segurança e sobrevivência, auxiliando na comunicação e na navegação.

No entanto, quando se trata de desejo de viajar, seus sentidos atendem a mais do que apenas necessidades práticas. Alguns indivíduos buscam algo maior — menos tangível, mas profundamente sentido. Uma conexão com algo novo e diferente. O desejo de viajar fornece uma vantagem prática além da mera sobrevivência: a capacidade de comunicar informações valiosas e promover laços sociais confiáveis. A curiosidade individual desperta conhecimento, conversação e criatividade, levando ao desenvolvimento de novas ferramentas e métodos. Compartilhar experiências e informações além da comunidade imediata pode beneficiar a todos. Simplesmente querer compartilhar detalhes aparentemente irrelevantes pode trazer paz por meio da revelação de experiências compartilhadas e pontos em comum.

Interações locais e aprendizagem de línguas

Interações locais e aprendizado de idiomas são essenciais para alcançar conexões mais profundas e autênticas durante viagens. Estudos em turismo e pesquisa de viagens enfatizam a importância de mergulhar em outra cultura por meio de interação, idioma, experiências em primeira mão e amizades. A falta de interação local pode levar à insatisfação pessoal e à perda de oportunidades de crescimento. O aprendizado de idiomas, principalmente entre os pouco qualificados, é uma barreira fundamental para a interação local e a educação internacional.

A frequência com que alguém viaja ou o tempo gasto em uma viagem é um indicador ruim do valor derivado da experiência. O verdadeiro valor está na profundidade e diversidade da rede social e econômica construída por meio de interações locais. Para fazer conexões significativas, é preciso conhecer palavras locais para fazer amigos locais e se envolver em conversas cara a cara que podem mudar os caminhos da vida. A linguagem e as interações pessoais são o que diferenciam as viagens do mero turismo.

Turismo Responsável

O turismo responsável envolve viajantes envolvidos em atividades que proporcionam encontros diretos e autênticos com pessoas locais, ambientes naturais e patrimônio cultural. Essa abordagem beneficia tanto o viajante quanto a comunidade local. As práticas de turismo responsável incluem:

- **Sustentabilidade:** usar organizações de baixo impacto ou com foco vertical, aderir às regras de gerenciamento de áreas selvagens sem deixar rastros e selecionar cuidadosamente rotas

de trilhas e acampamentos base para minimizar o impacto ambiental.
- **Desenvolvimento de Recursos Locais:** Apoiar iniciativas como o Peace Corps, que treina voluntários para construir sobre a herança local e financiar o cuidado de recursos históricos e culturais. Organizações de viagens de aventura também apoiam programas de ecoturismo administrados por nativos, cooperativas de alimentos, esportes para jovens e educação ambiental.

Os viajantes devem procurar se tornar parte dos lugares que visitam, contribuindo com dinheiro e apoio às áreas locais enquanto enriquecem suas próprias vidas. Essa abordagem permite que os viajantes paguem um valor justo de mercado por experiências aprimoradas e criem conexões significativas com pessoas, culturas, terras e vida selvagem locais. Viagens responsáveis beneficiam tanto o viajante quanto o visitado, muitas vezes levando à transformação pessoal e a uma apreciação mais profunda do mundo.

CHAPTER 4

Aventura e vida ousada

Aventura e vida ousada — se não vier com pelo menos algum risco, não é uma aventura. Aventura, viagem e as alegrias da sede de viajar não são mais vistas como o hobby daqueles que não conseguem um emprego de verdade ou uma maneira de passar o tempo antes de constituir família. Na verdade, a aventura pode, ajuda e deve ajudar a todos nós a viver mais profundamente, expandir nossas zonas de conforto mais completamente e interagir com nosso mundo mais completamente. O estilo de vida sedento por viagens é realmente um estilo de vida ousado. É uma vida cheia de abraços apaixonados, risadas altas e a busca sincera do mundo que amamos. No entanto, o estilo de vida mais ousado e alegre vem com desafios. A estrada aberta, levando a todos os lugares e a lugar nenhum, na realidade, nos leva aos lugares menos visitados do mundo, apresentando inúmeros desafios.

Risco: "Horas de tédio, momentos de terror" - O risco é um componente essencial para aproveitar as alegrias encontradas na sede de viajar. Embora aventura e exploração estejam entre as muitas alegrias de uma viagem sem precedentes, muito do que se segue remonta aos princípios básicos da viagem discutidos anteriormente. Aventura como transformação: nossas paixões, buscas e escolhas têm o objetivo de expandir nossos limites, nos ensinar sobre o mundo e nos mostrar o quanto amamos rir, o quão profundamente chorar e o quão constantemente abraçar aqueles que não poderíamos chamar de amigos. Uma vida apaixonada — uma vida de aventura — não é egoísta. Ao encontrar nossas próprias aventuras, remodelamos nossas personalidades e, muitas vezes, melhoramos o mundo ao nosso redor.

Assunção de riscos e crescimento pessoal

A tomada de riscos é um aspecto crucial do crescimento pessoal, informando as preferências e experiências de alguém. Viajar frequentemente envolve graus de risco, pois os indivíduos se movem além de suas fronteiras e adotam vários meios de fazê-lo. O medo ou a incerteza de circunstâncias desconhecidas e os prováveis riscos envolvidos estão ligados às viagens de exploradores, pois eles ultrapassam seus limites de conforto. Por exemplo, o risco para alguém que nunca viajou para as Montanhas Rochosas é muito maior do que para aqueles que praticam mountain bike regularmente por terrenos rochosos. O risco ou desafio relacionado à viagem pode ser situacional, mas, em média, aqueles que passam suas férias explorando as Montanhas Rochosas enfrentam mais riscos do que os viajantes que planejam tudo, até resorts turísticos seguros.

Abraçar o risco ou a crise dentro da escolha é um princípio primário dentro da estrutura psicoespiritual de crescimento e desenvolvimento pessoal. A maravilha e o espanto decorrentes de encontros de experiência de pico geram respostas e aprendizado. Tais estratégias, incorporadas à vida cotidiana por meio de encontros com a natureza como uma expressão de experiência de pico, auxiliam no desenvolvimento pessoal. É possível navegar por mudanças ou convulsões e emergir transformado com mais sucesso ao responder à tomada de riscos do que sem.

No turismo de aventura ao ar livre e nas experiências vividas pelo segmento viciado em aventura da população, a tomada de risco promove expansão espacial, temporal e cognitiva. Escolhas focadas em comportamentos de tomada de risco promovem a arte dentro do participante e promovem curiosidade intelectual geral e complexidade. Muitos se envolvem em viagens para desenvolvimento pessoal holístico, com um componente significativo sendo a aquisição de novas perspectivas, práticas e rotinas. O principal apelo da viagem é a experiência de iluminação ou crescimento pessoal, intimamente correlacionada com reconhecimento e admiração.

Os viajantes assumem tais compromissos ao considerar viajar e escolher empreender uma jornada. Os consultores de gestão Pam Goldsmith e Garry Waldorf, por meio de seu livro *The Acme Whistle* , apoiam esse conceito. O escritório de advocacia britânico Clifford Chance lidera membros renovados da equipe em caminhadas ao redor do Rubicão de Londres e pela sala de máquinas da Magna Carta. Essas caminhadas tentam recriar as situações enfrentadas por emigrantes genuínos que tiveram que se afastar da infraestrutura familiar para criar um novo começo. Dominar essas caminhadas difíceis exige que os participantes saiam de Londres às cinco da manhã, atravessem águas na altura do peito e escalem muros. Planos que são ousados e inteligentes formam o cerne da sede de viajar. Abraçar a estética da viagem requer planos ousados, visão e estratégia.

Empurrando as zonas de conforto

Zonas de conforto representam a barreira entre o que você já sabe e pode fazer e o que não pode. Sair desses limites envolve dificuldades inerentes, mas a questão de se vale a pena permanece inabalável. Não só vale a pena, mas também é o único caminho para o crescimento e transformação pessoal. Cada avanço tecnológico e médico se originou fora da zona de conforto, e cada trabalho que você abominava eventualmente o levou à posição dos seus sonhos. Entender essas verdades descreve como forçar as zonas de conforto realmente paga dividendos.

Romper com rotinas e caminhos predeterminados promove o crescimento. Criatividade, empatia e sensibilidade aumentadas para com pessoas e ideias surgem como subprodutos de pisar na natureza. Brincar não resolve; pular em um pequeno pé de água estrangeira deixa sinais obscuros de crescimento. No entanto, pular em oceanos desconhecidos traz à tona uma infinidade de habilidades e conhecimentos. O crescimento exige experiências assustadoramente difíceis e alarmantes. Esses resultados aparentemente negativos simbolizam confrontos transformacionais quebrando suas zonas de conforto. Esta é a realidade de empurrar as zonas de conforto: viver com ousadia. Viajantes inteligentes descobrem, através da maravilha da sede de viajar, que as adversidades desenvolvem a força para abraçar uma versão melhor de si mesmo.

CHAPTER 5

Práticas de viagens sustentáveis

Estratégias ecologicamente corretas e de apoio às pessoas são cruciais para viagens responsáveis. Nesta parte, você aprenderá como viajar pelo mundo de uma forma que o deixe ileso e apoie as pessoas locais que você encontrar ao longo do caminho.

Por que isso importa

Na primeira parte deste capítulo, nos aprofundamos no conceito de desejo de viajar. Viajantes buscam experiências de vida mais profundas, íntimas e reais, não importa o destino. No entanto, aqueles que escrevem sobre o significado, propósito e caminho da viagem frequentemente ignoram os milhões de pessoas da Terra e o próprio planeta. Em um mundo repleto de diversidade cultural, muitos viajantes pouco pensam em encontros com os habitantes das cidades e vilas que visitam. Suas preocupações estão em ver as pirâmides, escalar o Everest ou encontrar os leões de Chobe, sem considerar o impacto de suas viagens nas comunidades locais ou no meio ambiente.

Missão para Maravilhar: Viagem consciente exclui toda e qualquer viagem exploradora. Afirmamos nosso compromisso com a sustentabilidade e conexão com os lugares, culturas e pessoas que encontramos. Esperamos que nossa filosofia de viagem transforme a maneira como todos nós viajamos de maneiras pequenas, mas significativas.

Escolhas ecologicamente conscientes

Wanderlust incentiva os viajantes a expandir seus horizontes, assumir empreendimentos além de suas zonas de conforto e se abrir para novas mentalidades e experiências. Em um mundo amplamente acessível por meio de tecnologias como viagens aéreas, cruzeiros marítimos e trens noturnos, isso tem impactos substanciais no meio ambiente. De acordo com Husserl, "É viajando que uma pessoa coloca a criatividade e a espontaneidade em primeiro lugar em sua vida". No entanto, a administração irresponsável do planeta e a priorização de interesses comerciais sobre os recursos naturais levaram muitos ativistas e cientistas a criticar as indústrias de viagens pelos efeitos negativos do deslocamento em massa.

Viajar tem o potencial de educar viajantes, abrir suas visões de mundo e construir empatia e solidariedade ativa com comunidades locais. Para minimizar seu impacto, é importante tomar decisões ambientalmente conscientes.

Das perspectivas de Fable e Fahnestock, turistas ecologicamente conscientes ou sustentáveis tendem a se afastar de áreas populares e superlotadas e de ideias de viagens improvisadas de curto prazo para reduzir seu impacto ambiental. Turistas sustentáveis percebem o esgotamento ambiental como uma grande influência adversa da indústria do turismo e apreciam iniciativas de preservação que minimizem o impacto ambiental. Viajantes ativos que solicitam informações detalhadas sobre saúde e bem-estar as utilizam para fazer planos de viagens ambientalmente conscientes.

Ecoturistas frequentemente buscam destinos menos lotados e únicos para reduzir sua pegada ecológica e adotar uma forma mais sustentável de viajar. Canais de mídia nacionais, livros de viagem e material promocional oferecem recomendações para descobrir experiências pessoais únicas ao redor do globo.

Apoiando comunidades locais

O envolvimento ético com os moradores locais transforma as experiências de viagem. Quando os viajantes investem em experiências de viagem que lhes ensinam novas habilidades ou oferecem passeios de moradores locais, eles se conectam profundamente com as pessoas e os lugares que visitam. Esse envolvimento ético garante que não apenas os grupos poderosos se beneficiem, mas também os verdadeiros administradores da terra e da cultura — aqueles que sustentam e compartilham responsavelmente suas histórias e experiências.

Participar de eventos e passeios locais garante que os dólares do turismo vão diretamente para as famílias locais na forma de gorjetas e vendas. Quando pequenas comunidades veem os dólares do turismo chegando por causa de interações únicas e autênticas, elas têm mais probabilidade de continuar compartilhando sua cultura.

Ajudar os outros cria uma comunidade de conexão que pode levar à evolução da pobreza. Engajar-se com os moradores locais significa que seus dólares de turismo os apoiarão diretamente. Resorts e acampamentos de safári que promovem o engajamento da comunidade e retribuem são essenciais, mas há algo poderoso sobre doações diretas de indivíduos para a comunidade. Ao se envolver verdadeiramente com os moradores locais, você pode obter muito mais em troca.

CHAPTER 6

Nomadismo Digital e Trabalho Remoto

O nomadismo digital é uma tendência em rápido crescimento e pode ser visto como uma extensão do movimento do viajante indie. Ele descreve pessoas que gostam de viajar, explorar novos lugares e aproveitar a independência de localização para mudar seus arredores com frequência. Se você é um profissional móvel e com conhecimento em tecnologia — um designer, programador, escritor, profissional de marketing na Internet, blogueiro ou alguém que trabalha em um negócio que pode ser feito pela Internet — você é um nômade digital. Muitos nômades digitais compartilham suas histórias em blogs, e alguns até ganham dinheiro ensinando outros a se tornarem nômades digitais. Blogs e sites dedicados a esse estilo de vida estão mais populares do que nunca. Você pode trabalhar remotamente enquanto explora e viaja pelo mundo, embora isso envolva um ajuste de estilo de vida e uma abordagem prática para encontrar oportunidades de trabalho remoto.

Ferramentas e Recursos

Com uma compreensão clara do desejo de viajar e das abordagens populares para o trabalho remoto, é hora de ser prático e explorar ferramentas e recursos específicos para tornar a independência de localização uma realidade. Esta seção abrange uma gama de tecnologias e serviços para ajudar aspirantes a nômades digitais ou trabalhadores remotos a misturar produtividade com aventura para realizar seus sonhos de viagem. Também abordamos os dilemas éticos e sociais do nomadismo digital e os desafios globais impostos pelo "novo colonialismo" dos viajantes digitais ocidentais em ambientes de baixo custo. Estruturas legais e administrativas apropriadas são necessárias para dar suporte a esse movimento.

Ferramentas e recursos essenciais:

1. **Um blog/site:** compartilhe suas experiências e conhecimentos.
2. **Mídias sociais:** use plataformas como Twitter, Facebook, LinkedIn e outras para se conectar com clientes em potencial.
3. **Plataformas de intercâmbio de trabalho:** inscreva-se em sites como Workaway e WWOOF para oferecer seu tempo em troca de hospedagem e alimentação.
4. **Sites de empregos:** Explore quadros de empregos e sites que atendem especificamente a nômades digitais, como RemotelyAwesomeJobs, Work At My Desk e RemoteOK. As seções de empregos do Carbonmade e Behance também valem a pena conferir.
5. **Networking:** Fazer muitos amigos é essencial para aumentar sua rede e expandir sua base de clientes. Isso também aumentará suas oportunidades de viagem e potencialmente economizará dinheiro ao ficar com amigos que você fizer ao longo do caminho.

Capacidades e habilidades para o nomadismo digital:

- **Autodisciplina:** Mantenha o foco e a produtividade.

- **Gestão do tempo:** equilibre trabalho e viagens de forma eficaz.
- **Motivação intrínseca:** mantenha-se motivado e determinado.
- **Adaptabilidade:** navegue pelas mudanças e incertezas com facilidade.

Ferramentas práticas:

- **Comunicações:** Ferramentas como Slack, Zoom e Skype para comunicação eficaz.
- **Sincronização:** plataformas como Google Drive e Dropbox para compartilhamento de arquivos e colaboração.
- **Correspondência:** Ferramentas de gerenciamento de e-mail como Gmail e Outlook.
- **Administração de escritório:** ferramentas como Trello e Asana para gerenciamento de projetos.
- **Informações e transporte:** aplicativos como Rome2rio e Skyscanner para planejamento de viagens.
- **Reservas sociais:** plataformas como Airbnb e Couchsurfing para acomodações.
- **Serviços profissionais remotos:** sites como Upwork e Fiverr para encontrar trabalho freelance.

Equilíbrio entre vida pessoal e profissional

Embora o trabalho seja importante e gratificante para a maioria dos nômades digitais, não é a única coisa na vida. Alcançar uma integração harmoniosa do trabalho com a licença pessoal e o prazer é crucial. O equilíbrio entre trabalho e vida pessoal descreve a relação entre trabalho e outros compromissos da vida e como eles impactam um ao outro.

Compreendendo o equilíbrio entre vida pessoal e profissional:

- Não se trata de programar o mesmo número de horas para trabalho e lazer, mas de fazer com que o trabalho se adapte ao seu estilo de vida.
- É o estado de equilíbrio onde carreira e ambição são igualmente priorizadas, assim como atividades de lazer e vida familiar.

Benefícios do equilíbrio entre vida pessoal e profissional:

- Reduz o estresse e o esgotamento.
- Melhora o bem-estar geral e a felicidade.
- Aumenta a produtividade e a criatividade.

Estratégias para alcançar o equilíbrio entre vida pessoal e profissional:

- **Estabeleça limites:** defina horários de trabalho claros e cumpra-os.
- **Priorize tarefas:** concentre-se em tarefas de alta prioridade e delegue ou elimine as de baixa prioridade.
- **Faça pausas:** pausas regulares melhoram o foco e a produtividade.
- **Pratique hobbies:** envolva-se em atividades que lhe proporcionem alegria e relaxamento.
- **Mantenha-se conectado:** mantenha relacionamentos com familiares e amigos.

Algumas pessoas acreditam que alcançar algo extraordinário requer escolher entre uma carreira e descanso. No entanto, isso não contribui para a autorrealização. Um caminho equilibrado na vida é essencial. Focar apenas no trabalho ou apenas em si mesmo pode levar à estagnação e arrependimentos mais tarde na vida.

CHAPTER 7

Viagem Solo e Dinâmica de Grupo

Viagens solo, embora não tão comuns quanto viagens comunitárias, atraíram muita atenção da mídia nas últimas duas décadas. Mais veículos de notícias destacam histórias de indivíduos que superam seus medos de incerteza e abraçam sua curiosidade de viajar sozinhos. Embora não sejam tão populares quanto viagens comunitárias, viagens solo são comuns, especialmente entre viajantes do sexo feminino. A motivação subjacente é ganhar autonomia, tranquilidade e autodescoberta. Além disso, viajar solo pode aliviar o incômodo de construir consenso e aumentar a sociabilidade. A grande variedade e instâncias de viagens solo sugerem que é uma construção influente que leva os indivíduos a viajar de uma forma alternativa.

Apenas um número limitado de estudos tentou explorar experiências de viagens solo. Portanto, uma revisão abrangente da literatura dedicada à exploração de viajantes solo é executada. As tendências atuais dentro do segmento de viagens solo, os motivos pelos quais os indivíduos viajam sozinhos e os benefícios e barreiras são apresentados.

Dinâmica de grupo em viagens de lazer

Na pesquisa em grupo, a dinâmica dos relacionamentos e experiências do grupo cresceu. A Organização Mundial do Turismo das Nações Unidas (OMT) estima que aproximadamente 80% dos viajantes tiram férias com uma ou duas pessoas. Os parceiros em viagens são, na maioria das vezes, amigos, seguidos pela família. Geralmente, a pesquisa em grupo é fragmentada, mas há uma apreciação crescente pela pesquisa em grupo em lazer e turismo. Esses estudos avaliam a comunicação, a tomada de decisões, a influência, o relacionamento e a dinâmica dos membros em famílias, casais e grupos de pares. Alguns desses estudos também abordam os viajantes em termos de grupos culturais, equipes de trabalho da indústria de viagens, voluntários ou intercâmbios culturais patrocinados pelo governo. As viagens em grupo trazem a dinâmica do grupo para os mercados, e mais atenção pode ser dada a esse domínio de pesquisa.

Benefícios e Desafios

Benefícios

Aventura independente: "Um é o número mais solitário", de acordo com a música de Harry Nilsson, mas não quando se trata de explorar lugares e culturas desconhecidos e fazer novos amigos. De acordo com a US Travel Association, 80% dos viajantes americanos preferem viajar com um companheiro, mas aqueles solitários intrépidos que pegam a estrada geralmente desfrutam de conforto e diversão surpreendentes. Ao optar por ir sozinho, um viajante tem a liberdade de construir uma viagem em torno de interesses específicos — seja explorando o mundo da música folk em Nashville ou descobrindo cemitérios e criptas vitorianas em Londres. Viagens solo são cheias de surpresas felizes e oferecem excelentes oportunidades para introspecção, reconstrução da confiança e fazer amigos.

Ficando Aconchegante: Viajar deixa de ser apenas sobre o destino quando amigos ou familiares se juntam à jornada. Todo mundo adora um grupo de curiosos que querem pegar a estrada juntos, planejar uma viagem de casamento ou lua de mel, aproveitar o tempo com entes queridos ou embarcar em uma viagem baseada na fé que envolve oração e boas obras. Às vezes, quando em uma viagem de pesquisa, editores ou outros podem viajar com você, proporcionando uma visão envolvente do seu trabalho. Essas experiências compartilhadas podem levar a amizades rápidas e memórias duradouras.

Desafios
Viagem Solo: Viajar sozinho pode trazer desafios, como sentimentos de solidão ou preocupações com a segurança. No entanto, superar esses desafios pode levar ao crescimento pessoal e a uma sensação de empoderamento.

Viagem em grupo: Viajar com outras pessoas requer compromisso e construção de consenso. A dinâmica de grupo pode ser desafiadora, com opiniões e preferências diferentes que precisam ser gerenciadas.

Construindo conexões na estrada
Viajar sozinho oferece muitas oportunidades para conhecer outros viajantes e moradores locais. Também oferece uma oportunidade de se conectar internamente, acompanhada por mudanças em valores e estilo de vida que exigem abertura para novas experiências, flexibilidade e disposição para reexaminar suposições sobre destino, sucesso e responsabilidade pessoal. Seja viajando sozinho ou com um companheiro, você pode aumentar suas chances de iniciar conversas significativas com moradores locais e outros viajantes.

A atração da estrada é especialmente forte entre pessoas na faixa dos vinte e trinta e poucos anos. Outras maneiras de enfatizar o contato com outros viajantes incluem participar de excursões em grupo, ficar em albergues ou participar de eventos locais. Viajantes passivos têm mais probabilidade de vivenciar encontros casuais e espalhar uma rede de contatos. Esforços proativos para fazer conhecidos podem acelerar o processo, exigindo um esforço consciente para sair de uma concha de privacidade ou reserva. Sentar-se sozinho em uma mesa de restaurante pode proporcionar mais chances de fazer amigos. Aposentados ou vagabundos de "fundo fiduciário" podem ser mais hesitantes, sentindo que estão se intrometendo na companhia de outros.

CHAPTER 8

Viajando com Propósito

Quando viajamos com um propósito, humanizamos nossas experiências. Quer nos propomos a ser voluntários, trabalhar ou simplesmente encontrar uma maneira melhor de conhecer as comunidades de um novo lugar, a gratificação é generativa. Sabemos disso por nossas próprias experiências de altruísmo e serviço comunitário, por pesquisas sobre coesão familiar no Rocky Mountain Fiddle Camp e por estudos de viajantes maduros que se envolvem em viagens educacionais ou aprendizado ao longo da vida. Aqui, revisamos os princípios de programas bem-sucedidos propagados pela Road Scholar e Emerging Horizons e refletimos sobre a busca pela conexão humana, conforme proposto por guias comerciais como o Lonely Planet.

Estar intencionalmente na estrada amplia nossa liberdade porque se estende além do comportamento egoísta e abre a porta para os tipos de conexões que desejamos profundamente. Isso é verdade em nosso território e ainda mais quando passamos pelo limiar da familiaridade conhecida. Ao escolher nos tornarmos globais, nos atraímos para círculos cada vez maiores de experiência compartilhada com nossa comunidade humana comum. Os lugares que você está se preparando para visitar são partes únicas, valiosas e necessárias desta comunidade. Nós nos esforçamos para mostrar nossa gratidão, apreciação, preocupação, amor e cuidado durante este processo de descoberta. A tradição espiritual na qual nos enraizamos oferece isso como um ponto de partida para que outros abracem nossa curiosidade ilimitada de ver o mundo. Esperamos inspirá-lo a uma apreciação mais ampla, profundamente perspicaz e crítica não apenas do mundo em que você vive, mas também da hospitalidade que tantos outros estão ansiosos para mostrar a você durante suas viagens.

Voluntariado e retribuição

Alguns preferem procurar trabalho onde quer que vão. Os cargos de nômades digitais são tão diversos quanto suas bases. Por exemplo, uma cantora de ópera que trabalhava como babá em Genebra achou difícil conseguir empregos de ópera e queria trabalhar em seus idiomas. Ela descobriu o escritório da Cruz Vermelha Internacional do outro lado da rua de onde trabalhava e entrou para se voluntariar. Eles tinham um computador antigo e nada para ela fazer, mas ela se lembrou de algumas pessoas que conheceu lá, presas a cadeiras de rodas, com ferimentos que as mantiveram em hospitais por anos em seus países de origem. "Então eu digo a eles para me enviarem cadeiras de rodas para que possamos mantê-las lá", disse seu supervisor de escritório responsável pelo transporte. "Então agora esse é meu trabalho de verão. Eu embalo e envio peças de cadeira de rodas para países devastados pela guerra."

O voluntariado pode ser mais do que apenas estadias em casas de família. Em um artigo sobre o tipo de experiência de viagem oferecida pela revista Russian Life, Nancy Ries, professora associada e chefe de antropologia na Universidade Colgate, escreve sobre um americano que viaja para a Rússia para visitar acampamentos infantis. "Suas férias", explica Ries, "são tudo menos uma 'pausa' do trabalho. Sua viagem é vista como uma forma de peregrinação do trabalhador, pois ele entra neste mundo por meio de seu serviço." Ries escreveu uma série fascinante de artigos discutindo o que ela chama de "turismo de refúgio", ou viagens para regiões devastadas pela guerra, lugares finos, "como os ortodoxos os descrevem, o movimento do incenso do altar para os fiéis e depois de volta."

Oportunidades educacionais e de aprendizagem

Seja em uma jornada solo ou uma aventura familiar, qualquer viajante encontra inúmeras oportunidades de aprendizado. Ao aproveitar deliberadamente essas oportunidades, os indivíduos podem crescer muito em termos de normas e valores pessoais, entendimentos intelectuais, percepções culturais e habilidades e competências definidas. As oportunidades de aprendizado podem ser categorizadas da seguinte forma: (1) Modos de Viagem, (2) Lugares para Visitar, (3) Interações Culturais, (4) Grandes Festividades e Eventos e (5) Outros.

Os viajantes podem se envolver em aprendizado infinito enquanto passam tempo como voluntários em diversas áreas da comunidade anfitriã, como em escolas, onde podem transmitir alfabetização ou educação social para a população local em outro idioma, ou enquanto estudam Tai Chi, ioga, agricultura ou culinária.

A experiência educacional fornecida por várias perspectivas de viagem pode ser de tremenda importância para o avanço pessoal e interação cultural. Guias turísticos, orientações ou dicas relacionadas a lugares para visitar ou eventos para participar podem contribuir substancialmente para uma experiência turista-educador bem-sucedida e agradável. Ao participar de tais atividades e ver as coisas de dentro, os viajantes podem desenvolver habilidades práticas de trabalho como professores, gerentes de grupo e eventos, chefs, planejadores de dieta e fazendeiros até certo ponto. Ao integrar constantemente moradores locais e outros turistas, os alunos podem desenvolver sua compreensão da diversidade, amor intercultural, unidade e cooperação. Em resumo, pode-se crescer consideravelmente em termos de habilidade, integridade e sabedoria durante uma jornada espetacular, tornando-se um cidadão global ou uma pessoa de substância.

CHAPTER 9

Saúde e bem-estar na estrada

Ao viajar, é crucial manter a saúde e o bem-estar em primeiro plano em nossas mentes. Este capítulo explora vários aspectos da manutenção da saúde e do bem-estar durante a viagem. Aqui, os leitores aprenderão como abordar exercícios, alongamentos e ioga durante a viagem e como priorizar o tempo para práticas meditativas e espirituais. Os tópicos de discussão incluem considerações sobre alimentos e dieta, terapias novas, naturais e alternativas, a natureza de pragas, infestações, venenos e medicamentos, lidar com climas tropicais e sobreviver ao calor e ao sol, segurança e prevenção de roubo, autodefesa e estratégias para bem-estar mental, emocional e atitudinal.

O conceito de vida saudável deve abranger padrões de estilo de vida que podem ser seguidos independentemente da localização. Pessoas ativas ao redor do mundo tendem a ser mais saudáveis do que suas contrapartes inativas, assumindo que não sejam superalimentadas. As melhores práticas não apenas fazem seu corpo se movimentar e mantê-lo em movimento, mas também inspiram união, abrigo, condicionamento físico, equilíbrio, silêncio interior, paz espiritual, coragem, consciência elevada, perspectiva, alegria e gratidão.

Viajantes saudáveis podem treinar, alongar, malhar ou simplesmente caminhar para onde quer que vão. Eles podem praticar ioga ou meditação, ou metta bhavana (meditação da bondade amorosa). Eles podem se conectar com indivíduos com ideias semelhantes pessoalmente ou online. Eles podem optar por veículos, estradas, trilhas, luz, ar, pontos de referência e acomodações mais saudáveis. Eles podem evitar cargas de trabalho desnecessárias, não se envolver em comportamentos negativos e conversar e ouvir pessoas que vivem com a mesma coragem.

Bem-estar físico e mental

Viajar apresenta vários riscos e desafios de saúde, como encontros com animais selvagens, malária, dengue, bagagem perdida, doenças inexplicáveis, parasitas, carrapatos, ataques de animais, motoristas locais, batedores de carteira, crimes violentos, instabilidade política, poluição do ar, direitos dos passageiros, acidentes de carro, conflitos, interrupções de trem, burocracia governamental, saúde de refugiados, assistência médica em diferentes países e solicitações de visto. Precauções sensatas e conhecimento adquirido podem reduzir o medo do desconhecido e promover uma mentalidade resiliente durante a viagem.

Estratégia de autocuidado:

- Ouça as necessidades do seu corpo e descanse quando necessário.
- Cultive a resistência mental e física.
- Considere seguro de viagem ou médico para cobrir dificuldades inesperadas de viagem.
- Mantenha o senso de humor e evite reagir exageradamente a situações de risco.

Alimentação saudável e exercícios

Viajar frequentemente interrompe hábitos estabelecidos, incluindo comer uma dieta balanceada e se exercitar regularmente. Ao viajar, especialmente para locais com instalações de cozinha limitadas, é essencial adotar uma abordagem pragmática e adaptável à nutrição e à atividade física.

Dicas para uma alimentação saudável:

- **Boa nutrição:** concentre-se em alimentos que satisfaçam as necessidades do seu corpo, com uma mistura saudável de macronutrientes, evitando alimentos nutricionalmente vazios, como lanches açucarados e frituras.
- **Frutas frescas:** acessíveis e podem ser transportadas sem estragar.
- **Nozes:** fáceis de transportar, duradouras e boas para diversas condições climáticas.
- **Leite/Soja/Suco:** Fundamental para uma nutrição rápida.
- **Barra de chocolate/doce:** útil para uma queda curta de açúcar no sangue.
- **Abordagem prática:** preencha outros grupos alimentares conforme o tempo e as circunstâncias permitirem, sem estresse.

Dicas de exercícios:

- **Passeios a pé:** Paris é ótima para passeios a pé, Tóquio é ideal para alongamentos.
- **Equipamentos de exercícios portáteis:** cordas de pular, faixas de resistência e halteres de viagem são fáceis de transportar.

- **Cartões de exercícios de exemplo:** Os personal trainers geralmente fornecem cartões de exercícios com instruções para os clientes seguirem durante a viagem.

Adotar essas estratégias práticas e adaptáveis garante que você mantenha seu bem-estar físico e mental enquanto explora o mundo.

CHAPTER 10

Capturando memórias e contando histórias

De muitas maneiras, o sucesso em compartilhar uma narrativa pessoal de viagem pode ser fortemente influenciado por como compartilhamos esses momentos especiais com os outros. Enquanto alguns viajantes podem se imaginar fotógrafos e outros podem detestar a ideia de carregar uma câmera cara ou um dispositivo para tirar fotos durante sua jornada, capturar memórias de viagem nem sempre precisa envolver uma câmera.

Para alguns, o diário pode parecer obsoleto na era dos dispositivos digitais e das mídias sociais. No entanto, há algo profundo sobre os viajantes que encontram consolo em anotar coisas no papel. Para muitos, é sobre encontrar sua voz. Ao ir além dos pensamentos em tópicos e selecionar suas atividades diárias, os viajantes podem documentar seus estados emocionais internos. A fotografia também é uma forma de diário. Algumas pessoas podem não querer fazer um diário, e tudo bem. Quando capturar seus pensamentos não é uma prioridade, e você está no momento de um nascer do sol deslumbrante no interior da Itália ou apreciando a silhueta do Delicate Arch de Utah, sacar uma câmera, telefone ou Polaroid pode ajudá-lo a capturar o momento para reflexão posterior. Mesmo que você não se importe agora, alguém pode se importar. Pelo bem da Mãe Natureza, capturar um momento especial no tempo pode criar um impacto duradouro.

Fotografia e Diário

Fotografia e diário: essas são duas das ferramentas mais acessíveis para capturar memórias de viagem. Por mais de um século, a fotografia tem sido uma forma popular de preservação. Tudo depende de como você a usa. Muitos de nós usamos a fotografia para valor de lembrança — como uma foto sua em frente à Torre Eiffel com entes queridos para lembrar de uma viagem a Paris. Embora isso seja bastante correto e inocente, o tipo de fotografia que sugiro se aprofunda mais na experiência — transformando férias casuais em uma peça única de memória.

Journaling: Isso precede a fotografia e é uma forma escrita do mesmo princípio. Com base no design de experiência, nossos diários — diários de bordo, álbuns de recortes, relatos de viagem — podem evoluir de meras listas de tarefas para reflexões, narrativas e fortes histórias pessoais. Isso transforma a viagem de convencional para oficial.

Dicas de fotografia:

- **Documente experiências:** além de fotografias padrão de visitas obrigatórias, tire fotos capturando experiências e pessoas. Procure instâncias em que uma história precisa existir: uma terna história de amor se desenrolando em um café de Paris, o vento em seu cabelo no topo de uma montanha-russa ou uma alma sobrecarregada parada na base de um enorme monumento.
- **Qualidade acima de Quantidade:** Câmeras digitais modernas e câmeras de celulares tiram fotos de excelente qualidade. Ao contrário dos velhos tempos com impressões limitadas por

foto, agora você pode clicar quantas vezes forem necessárias até acertar. Há sempre um botão de deletar para liberar espaço indesejado.
- **Fotos espontâneas:** tire fotos espontâneas de pessoas comuns fazendo suas rotinas diárias. Convença estranhos para um retrato. Várias fotos em sincronia podem mostrar variações de movimento. Ao contrário da fotografia tradicional, você não precisa esperar dias para obter impressões.

Dicas para manter um diário:

- **Reflexão e Narração:** Vá além das listas de tarefas para formas de documentação reflexivas e narrativas. Transforme seu diário de viagem em uma obra-prima de narrativa pessoal.
- **Combinando fotografia e diário:** anexe impressões às entradas do seu diário. Escreva reflexões sobre as imagens capturadas para criar um rico livro de memórias de viagem.

Compartilhando experiências com outras pessoas

Compartilhar experiências com outros permite que os viajantes peguem suas experiências de desejo de viajar e as compartilhem significativamente. À medida que significados em camadas, histórias pessoais envolventes e compartilhamento social se aprofundam, expressar e comunicar o desejo de viajar torna as conexões mais reais. Isso pode ser útil para a formação de equipes ou instrução offline, encorajando os participantes a compartilhar uma experiência com um estranho ou um conhecido que possa apreciar a deles.

A exploração desta seção revela como as histórias de viagem ressoam com os outros, inspirando companheiros viajantes e engajando as pessoas em suas jornadas por meio de histórias compartilhadas. Esta seção ajuda a reconhecer experiências compartilhadas trazidas à tona em histórias. As pessoas podem estimular o engajamento original com formas futuras ou alternativas de networking com base na energia que emerge de histórias compartilhadas. Lembre-se de compartilhar por que você sente a necessidade dessas histórias com os participantes, para que o conceito permaneça com eles o tempo todo. Para promover um senso de comunidade, o sentimento de pertencer a um todo maior pode ser incluído, decorrente de nossas faíscas aventureiras que nos levam a nos envolver em sites de compartilhamento social. Juntos, nossas histórias e interesses tecem uma narrativa de "união" e iniciam o compartilhamento social.

Reflexões sobre a sede de viajar e o crescimento p

À medida que nosso semestre se aproxima do fim, tiramos um tempo para refletir sobre o conceito de desejo de viajar e como viajar contribuiu para nosso crescimento individual. As experiências compartilhadas continuam a moldar nossas aspirações e perspectivas atuais sobre o mundo, ecoando a maravilha do nosso primeiro dia na Europa. Muitos de nós, leitores ávidos que acreditavam que estudar no exterior mudaria nossas vidas, nunca esperamos nos tornar as versões de nós mesmos que somos hoje, tendo nos tornado viajantes do mundo. Ao longo do semestre, nossa capacidade de introspecção se aprofundou à medida que enfrentávamos os desafios de formar relacionamentos e nos encontrar em ambientes em mudança. Antes de compartilhar nossos pensamentos finais, discutiremos nossas aspirações para o futuro. Ao nos conectarmos com outras pessoas em espaços estrangeiros e nos reconectarmos conosco mesmos por meio da solidão, descobrimos as qualidades que mais estimamos. Vários de nós desejam se concentrar no crescimento pessoal e maximizar nosso potencial no próximo ano. Ao discutir nossas partes favoritas do semestre, frequentemente mencionamos monumentos e marcos de passagem, mas refletimos muito sobre as conexões profundas e verdadeiras feitas com novos amigos.

Essas reflexões nos ajudam a ir além de lidar apenas com questões práticas para nos conectarmos com a vida profunda e com a alma. À medida que nossas jornadas no exterior chegam ao fim, esperamos levar adiante atitudes repletas de esperança e conhecimento: "Leve adiante o que você aprendeu por meio de sua experiência única, com adaptações ao seu estilo de vida pessoal e utilidades de pensamento."

Enquanto estudávamos em Londres, vários de nós fomos questionados sobre o que planejávamos fazer ao retornar aos Estados Unidos. Embora cada resposta variasse, todas incluíam os ideais de "melhorar" e "melhorar". Agora sabemos que nossas experiências ampliaram significativamente nossas perspectivas e mundos. Podemos ter atravessado as paisagens físicas da Europa Ocidental, mas, ainda mais, exploramos o terreno de nossas próprias vidas, sonhos e aspirações. Ao deixar nossas pegadas em diferentes cidades, voltamos para casa sentindo-nos plenos em nossos corações, maduros com experiências compartilhadas e uma rede de amigos para sempre. Nossas jornadas nos levaram a conhecer muitos outros jovens viajantes nos mesmos caminhos de autodescoberta e vida ousada, cada um de nós vagando para descobrir nosso "caminho" mais desejado.

Lições aprendidas e aspirações futuras

O desejo de viajar, como uma condição humana ambígua, é substancial para os jovens que dedicaram tempo e energia significativos para viajar. É uma dimensão importante do potencial agêntico na construção de uma nova identidade. Provedores como voluntários ou escolas de idiomas descobriram maneiras de lucrar oferecendo espaços para mecanismos de incentivo pessoais e de poucos limites para se manifestarem. No entanto, organizações anfitriãs profissionais ou consumistas geralmente não são as autoras do que realmente acontece no exterior quando viajantes independentes e apaixonados por viagens estão na estrada. É único para os indivíduos identificarem as circunstâncias, experiências e pessoas com as quais se conectam. A partir dos meus dados, fica claro que as experiências de viagens independentes em vários países — onde a moeda, a linguagem e as normas de comportamento mudam — estão entre os relatos mais surpreendentes e comoventes.

Muitos encontros são casuais, ocorrem com frequência, mas a viagem em si é única. Dado que os jovens entre 18 e 34 anos são grandes participantes em viagens e experiências internacionais, e que grupos etários mais velhos provavelmente iniciam viagens com experiência suficiente, a sede de viajar amplia e aprofunda nossas conexões e escolhas. Ela ajuda a abrir nossos olhos, expandindo opções mesmo quando indesejáveis ou desagradáveis. As excursões turísticas geralmente levam a revisitar o lar com rotas alternativas, fornecendo novas perspectivas sobre o caminho da vida.

Integração de experiências de viagem na vida diária

Assim como sonhar nos ajuda a refletir sobre experiências recentes e resolver problemas, o desejo por aventura pode nos estimular a planejar a próxima viagem e refletir sobre como infundir a vida com os valores que vivenciamos na estrada. Enquanto apenas um pequeno número de pessoas de países ricos realiza grandes projetos de voluntariado, milhões se voluntariam de maneiras menores enquanto viajam — pintando casas e escolas, construindo calçadas, reconstruindo após desastres. O ponto desses projetos não é o que é construído, mas a interação com estranhos e a sensação de trabalhar por algo maior do que o prazer pessoal, como ajudar uma comunidade em dificuldades a se recuperar de um desastre.

Algumas pessoas se voluntariam para ajudar animais, auxiliar em escolas e clínicas ou trabalhar em projetos ambientais. Viajantes se voluntariam para aprender com australianos carentes e rurais ou participar de eventos como festivais de música. Fazer o que pode parecer um híbrido de experiências extremas, tarefas desconfortáveis e o burburinho da viagem integra aspectos experienciais à vida em geral. Muitos podem evitar essas jornadas, presumindo que os benefícios ficam no exterior em vez de continuar a impactar sua existência cotidiana ao retornar para casa.

www.ingramcontent.com/pod-product-compliance
Lightning Source LLC
LaVergne TN
LVHW041640070526
838199LV00052B/3468